DES MONNAIES D'OR

AU NOM DU ROI THÉODEBERT Iᵉʳ.

DES CAUSES DE LEUR ABONDANCE,

DE LEUR TITRE ÉLEVÉ, ET DE LA SUBSTITUTION, SUR CES MONNAIES,

DE LA LÉGENDE ROYALE À LA LÉGENDE IMPÉRIALE,

PAR M. DELOCHE.

EXTRAIT DES MÉMOIRES DE L'ACADÉMIE DES INSCRIPTIONS ET BELLES-LETTRES,

TOME XXXII, Iʳᵉ PARTIE.

PARIS.

IMPRIMERIE NATIONALE.

M DCCC LXXXVI.

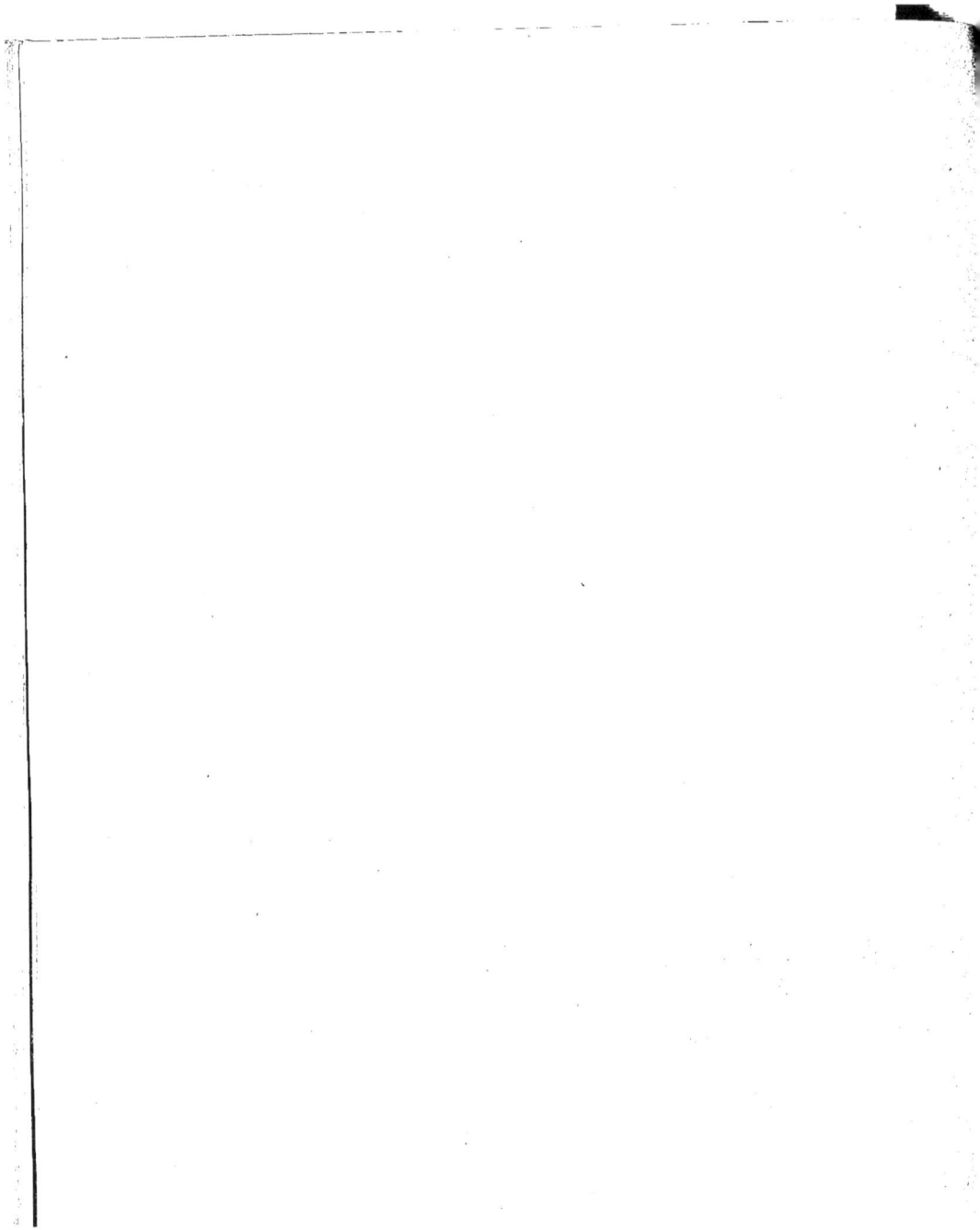

DES MONNAIES D'OR

AU NOM DU ROI THÉODEBERT Ier.

DES CAUSES DE LEUR ABONDANCE,

DE LEUR TITRE ÉLEVÉ, ET DE LA SUBSTITUTION, SUR CES MONNAIES,

DE LA LÉGENDE ROYALE À LA LÉGENDE IMPÉRIALE.

Le deuxième roi de Metz ou d'Austrasie, Théodebert Ier, qui régna de 534 à 547 ou 548[1], fit battre de la monnaie d'or, portant, au *droit*, son nom et son effigie, au lieu de la légende et de l'effigie impériales, qui, jusque là, avaient, seules ou à peu près seules, figuré sur le numéraire de la Gaule franque. La quantité considérable d'espèces ainsi frappées, qui nous est parvenue, prouve d'une manière irrécusable combien cette fabrication fut active.

Le fait est d'autant plus remarquable, qu'il contraste avec le monnayage au nom des deux autres rois francs, Childebert Ier et Clotaire Ier, contemporains de Théodebert, et dont on connaît à peine quelques pièces; et encore sont-elles de date incertaine et même d'authenticité douteuse. On continuait donc, dans les royaumes de Paris et de Soissons, de fabriquer des monnaies imitées des espèces byzantines et revêtues de la lé-

---

[1] Les annalistes ne sont pas d'accord sur la date de la mort de ce prince, que les uns placent en 547, les autres en 548.

2.

gende de l'empereur règnant, ou de l'un de ceux qui avaient précédemment régné à Constantinople.

Les historiens et les numismatistes qui ont signalé cette différence, sont fort divisés sur les causes qui l'ont produite. Les uns l'ont simplement attribuée au hasard[1]; les autres n'ont vu, dans le monnayage de Théodebert, que la manifestation d'un sentiment d'orgueil de ce prince, qui, à la suite de ses victoires en Italie, aurait affecté de répandre, sous cette forme, et son image et son nom[2]. Suivant quelques auteurs, le roi de Metz, irrité de ce que Justinien avait pris le surnom de *Francique*, comme s'il eût triomphé des armées franques, aurait voulu se venger, en s'arrogeant un privilège qu'aucun roi barbare n'avait encore osé contester à la majesté impériale[3]. D'autres enfin ont pensé que Théodebert exerçait ainsi un droit spécial, qu'il aurait obtenu de Justinien, à l'exclusion de ses deux oncles, les les rois de Paris et de Soissons[4].

1° Disons d'abord que rapporter au hasard un fait d'histoire monétaire, tel que celui dont il s'agit ici, ce n'est pas l'expliquer, mais se déclarer impuissant à en démêler la cause.

2° Les réflexions qu'on a faites au sujet du caractère orgueilleux du prince austrasien, que ses succès militaires devaient pousser à des actes ayant pour but de rendre son triomphe éclatant aux yeux de tous, ces réflexions ne sont pas sans quel-

---

[1] Voillemier, *Revue numismatique*, 1ʳᵉ série, t. VI, année 1841, p. 312. Ce savant a mis en note, au bas de la page : « Peut-« être les monnaies de Théodebert ont-elles « été conservées comme monnaies ro-« maines. » Il faudrait supposer, dans ce cas, que le public aurait pris ces pièces à *la légende de Théodebert* pour des pièces romaines, ce qui est tout à fait inadmissible.

[2] M. Ch. Lenormant, dans la *Rev. num.*, 1ʳᵉ série, t. XIII, année 1848, p. 187.

[3] *Art de vérifier les dates*, édit. in-8°, t. V, p. 379.

[4] D'Amécourt, *Recherche des monnaies mérovingiennes du Cenomannicum*, p. 64.

que valeur; mais elles sont bien loin de faire comprendre un événement aussi important que la substitution, sur les monnaies, du nom royal à celui de l'empereur. Elles ne sauraient non plus, à aucun degré, donner raison de l'abondance et du titre élevé de ce numéraire.

3° Cette dernière observation s'applique pareillement à l'idée d'une vengeance, que le petit-fils de Clovis aurait voulu tirer de l'acte de Justinien, se parant du titre de *Francique*, en témoignage de prétendus triomphes sur ses armées.

Mais de plus, cette opinion est absolument inadmissible, en ce qu'elle repose sur une erreur chronologique. Elle implique, en effet, que Justinien aurait adopté, durant le règne de Théodebert, le surnom qui aurait excité la colère de ce prince, et il n'en est pas ainsi. Buccellinus, ce chef habile et intrépide, qui avait si souvent conduit les Austrasiens à la victoire et occupa plusieurs années l'Italie entière au nom des rois francs, fut vaincu, dans une dernière bataille, près de Capoue, par le patrice Narsès; ses troupes furent taillées en pièces, lui-même périt dans la mêlée, et la péninsule rentra pour longtemps sous la domination impériale[1]. C'est à la suite de ce triomphe décisif que Justinien dut prendre le surnom de *Francique*. Or, cela se passait en 554 ou 555[2], à la fin du règne de Théodebald, fils et successeur de Théodebert, huit ou neuf ans après la mort de ce dernier. Il ne peut donc y avoir aucun lien entre ces événements et le monnayage du deuxième roi de Metz[3].

[1] « Sub eo enim (Theodobaldo), Buc- « cellinus, cum totam Italiam in Francorum « regnum redegisset, a Narsete interfectus « est; Italia ad partem imperatoris capta; « nec fuit qui eam reciperet. » Greg. Tur., *Hist. Francor.*, IV, 9; édit. Guadet et Taranne, t. I, p. 102.

Monnaies d'or.

[2] Voir sur cette date, la note des éditeurs de Grégoire de Tours, MM. Guadet et Taranne, t. I, p. 488, note *f*.

[3] M. Ch. Lenormant (*Rev. num.*, 1ʳᵉ série, t. XIII, p. 182, in fine) a pensé que c'est vers 546 que Justinien aurait pris le surnom de *Francique*; dans ce cas, il ne

3

4° Quant à l'opinion relative au prétendu privilège dont le roi d'Austrasie aurait été pourvu, voici en quels termes elle a été formulée : « Au retour de sa campagne d'Italie, Théodebert « *fit un traité avec Justinien et obtint pour lui seul ce droit*. A partir « de ce jour, au dire de Procope, le monarque franc put mettre « son effigie sur ses monnaies comme l'empereur, et présider « aux Jeux du cirque dans l'Amphithéâtre d'Arles. Un *aureus* « royal de Mayence, avec la légende PAX ET LIBERTAS, « atteste *le traité passé avec l'empereur et l'autonomie accordée aux* « *Francs :* et de nombreux sous d'or de Théodebert portent au « revers la légende VICTORIA AVGGG, qui le met au rang « des Augustes[1]. » ⋅

Ces énonciations sont en opposition absolue avec la vérité historique. Le texte du livre de Procope *de Bello Gothico*, auquel on a fait allusion, ne contient pas ce qu'on lui fait dire : on y chercherait vainement la mention d'un traité conclu entre Justinien et Théodebert. L'historien grec s'est borné à rapporter la sanction impériale donnée à l'occupation des Gaules « par les Germains », Γερμανοῖς, et à parler

se serait écoulé entre le fait et le monnayage de Théodebert, qu'une année ou une année et demie (ce prince étant mort en 547 ou 548), et cet intervalle serait bien insuffisant pour qu'on pût y faire entrer une production monétaire aussi considérable que celle qui nous occupe. En faisant descendre l'acte de Justinien à sa véritable date, nous trouvons une objection bien autrement péremptoire contre l'explication qu'on a cherché à donner de la frappe de monnaies d'or avec l'effigie et la légende du roi franc.

[1] D'Amécourt, *Recherche des monnaies* mérovingiennes du Cenomannicum, p. 64-65. La même pensée a été exprimée dans le livre de MM. d'Amécourt et de Préviala, intitulé *Monnaies mérovingiennes du Gévaudan* (p. 18) : « A partir de 538, en « vertu *d'un traité de concession impériale* « *et de complet affranchissement*, auquel « fait allusion la légende... *Pax et liber-* « *tas*, le roi d'Austrasie, *et lui seul*, put « *légalement* inscrire son nom sur les mon- « naies d'or. Il le fit comme roi indépen- « dant, *associé, en quelque sorte, à l'empire*, « *et partageant avec l'empereur le titre* « *d'Auguste.* »

de la domination que « *les chefs des Germains* », οἱ Γερμανῶν ἄρχοντες, exerçaient depuis lors, sur Marseille et les villes du littoral méditerranéen, des Jeux du cirque, auxquels ces chefs présidaient, et de la monnaie d'or, sur laquelle leur effigie était gravée à la place de celle de l'empereur. Procope fait observer, à ce sujet, que le roi des Perses lui-même n'osa point marquer la monnaie d'or de son image, cela n'étant permis ni à lui, ni à aucun autre roi barbare; que, d'ailleurs, une monnaie ainsi frappée ne serait point acceptée par les peuples, même barbares, avec lesquels ses sujets faisaient le commerce; et l'historien ajoute (je traduis littéralement) : « Les mêmes « choses ont ici[1], tout au contraire, réussi *aux Francs*, Ταῦτα « μὲν οὖν τῇδε Φράγγοις ἐχώρησεν[2]. »

On voit qu'il n'y a là ni traité, ni privilège concédé, ni rien qui soit particulier au roi de Metz; tout y est commun aux trois monarques francs qui régnaient en Gaule.

Notons aussi ce fait qui n'est pas indifférent : Théodebert ne présidait point seul, comme on l'a prétendu, aux jeux hippiques d'Arles; très probablement même il n'y figurait pas du tout, car, à partir de l'an 537, le roi de Paris Childebert eut dans son lot la célèbre métropole provençale[3], et c'est assurément lui qui devait siéger dans ces solennités, à l'époque où se place le récit de Procope, c'est-à-dire vers 538 ou 539.

Le mot *pax* de la légende *Pax et libertas,* où l'on a vu la

---

[1] C'est-à-dire « en Gaule ».

[2] *De Bello Gothico,* III, 33; dans le *Corpus scriptorum Historiae Byzantinae,* Bonn, in-8°, t. II, p. 416-417.

[3] La Provence, que Vitigès venait de céder aux Francs, fut, en 537, répartie entre les trois royaumes d'Austrasie ou de Metz, de Paris et de Soissons, et la cité d'Arles ut attribuée au roi de Paris. (A. Longnon, *La Gaule au* VIe *siècle,* p. 114 et 434; *Atlas historique de la France,* 1re livraison, 1885, pl. III, carte 4°.) Théodebert avait eu *momentanément* cette cité, pendant les trois premières années de son règne (534-537).

3.

mention d'un *traité*, n'a jamais eu cette signification dans la haute, la moyenne ou la basse latinité. On n'en rencontre pas un seul exemple dans le Glossaire de Du Cange, non plus que dans le Lexique de Forcellini.

Une monnaie, fabriquée dans le commencement du vi⁰ siècle, porte la légende *Pax et abundantia*, où *pax* devrait se traduire de la même façon[1]. Or, peut-on raisonnablement admettre des accouplements de mots et d'idées tels que ceux-ci : *traité et abondance, traité et liberté?* Comment n'a-t-on pas senti qu'ainsi employé, le mot *traité* est absolument incompréhensible; que c'est un substantif commun, exprimant une idée imparfaite et qui, faute d'un complément nécessaire, reste dépourvue de sens, tandis que l'autre substantif (*abundantia* ou *libertas*) exprime une idée genérale, mais complète en soi? La vérité est que *Pax et abundantia, Pax et libertas,* veulent dire tout bonnement *Paix et abondance! Paix et liberté!* ce que tout le monde comprend aisément sans le secours d'aucun commentaire, et n'est pas autre chose qu'une affirmation flatteuse pour le règne du prince dans les États duquel les monnaies ont été frappées[2]. Cette affirmation est d'ailleurs semblable à celles qu'on voit si souvent sur les médailles romaines, particulièrement sur les pièces impériales[3].

---

[1] D'Amécourt et de Préviala, *Monn. mérov. du Gévaudan*, p. 49-50.

[2] Le terme *pax*, qui paraît seul sur plusieurs pièces mérovingiennes du Gévaudan, dépourvues de la légende royale et signées de noms de simples monnayers, a été également interprété dans le sens de *traité* ou *convention* (d'Amécourt et Préviala, *ubi supra*, p. 49-50, pl. II, n⁰ˢ 4, 6, 7 et 8). Les objections péremptoires que nous venons de formuler, s'appliquent ici : le terme *pax* a bien encore, à cet endroit, le sens de *paix*, mais avec une variante, dont la démonstration exigerait quelques développements, qui ne peuvent trouver place dans cette note.

[3] Ainsi l'on trouve : 1° *Pax, Pax æterna* ou *perpetua* (Eckhel, *Doctrina numorum veterum*, t. VI, p. 83, 126, 476; VII, 339; VIII, 150); 2° *Abundantia, Abundantia temporam* (*Ibid.*, VII, 418, 456); 3° *Concordia, Concordia perpetua* (*Ibid.*, VI, 298;

Enfin, la légende *Victoria Augustorum*, où l'on a cru trouver aussi l'attestation d'un privilège concédé par l'empereur, qui aurait « mis Théodebert au rang des Augustes », cette légende n'est pas plus probante que *pax*. C'est une formule banale, à laquelle il n'est pas permis d'attacher plus d'importance que le monnayer qui la reproduisait, ne songeait à lui en donner. N'est-il pas clair d'ailleurs que la reproduction de cette formule était la conséquence naturelle et même nécessaire, de l'imitation ou plutôt de la copie systématique des pièces impériales, et que, dès lors, on n'en peut rien induire dans le sens d'un privilège monétaire?

Ainsi donc, des diverses explications proposées, il n'en est aucune qui rende un compte satisfaisant du monnayage au nom de Théodebert Ier.

La question à résoudre est complexe, ou plus exactement nous avons à examiner trois questions distinctes, déjà indiquées dans le titre de ce mémoire.

Et d'abord, quelle est la cause du nombre si considérable de monnaies frappées à la légende de Théodebert?

Il ne faut pas aller bien loin pour la découvrir : elle n'est autre qu'une circonstance matérielle, la possession par le roi d'Austrasie et ses leudes, d'une quantité extraordinaire de métaux précieux, qui, en peu de temps, s'était accumulée dans leurs mains.

Il est intéressant de relever les témoignages que Grégoire de Tours nous fournit à cet égard :

VII, 14, 38, 77, 80, 179, 260, 262, 332); 4° *Felicitas, Felicitas perpetua, publica, temporum, sœculi* (*Ibid.*, VIII, 45; VII, 49, 155, 170, 179, 182, 287; VIII, 111); 5° *Libertas, Libertas Augusta, publica* (*Ibid.*, VI, 20, 24, 239, 273, 469; VII, 52).

Premier fait. — Une sœur de Clovis Ier, mariée au roi d'Italie Théodoric, en eut une fille, qui, à peine adulte, s'enfuit avec un esclave. Les gens de la reine (qui était déjà veuve), lancés à leur poursuite, les atteignirent, mirent à mort l'esclave, et ramenèrent la fugitive au palais. Celle-ci, pour se venger, fit empoisonner sa mère. Par l'ordre de Théodat, qui venait d'être élevé sur le trône d'Italie, la coupable fut enfermée dans une étuve chauffée à l'excès, où elle périt[1]. Les rois Childebert, Clotaire et Théodebert, parents de la jeune fille, informés de cette fin tragique, et jugeant *honteux* le supplice auquel elle avait été livrée, « quod scilicet *tam turpi* fuerit interfecta *supplicio*[2], » sommèrent Théodat d'entrer en composition avec eux, faute de quoi ils lui feraient perdre la couronne et la vie.

Effrayé de leurs menaces, celui-ci expédia en Gaule une somme de 50,000 *aurei*, que Théodebert et Childebert se partagèrent à l'exclusion de Clotaire[3].

Si, comme il y a lieu de le croire, ces *aurei* étaient des sous d'or suivant la signification légale du terme employé par l'évêque de Tours[4], le sou étant, d'après les calculs de notre illustre érudit B. Guérard, évalué à 90 francs de notre monnaie actuelle[5], la composition acquittée par Théodat représentait quatre millions cinq cents mille francs, dont la moitié fut remise au roi d'Austrasie.

---

[1] « Succenso vehementer balneo, eam « in eodem, cum una puella, includi praece- « pit. Quae nec mora inter arduos vapores « ingressa, in pavimento corruens, mortua « atque consumpta est. » Greg. Tur., *Hist. Francor.*, III, 31 ; édit. Guadet et Taranne, t. I, p. 174.

[2] Greg. Tur., édit. Guadet et Taranne, p. 175.

[3] « Tunc ille timens, quinquagena eis « millia aureorum transmisit. » Id., *ibid.*

[4] Le mot *aurei* a été parfois employé par Grégoire, avec le sens général de monnaie d'or, comprenant les tiers de sou en même temps que les sous. Mais, ici, le chiffre étant précisé, le terme a une valeur nécessairement définie et qui répond à l'expression légale, c'est-à-dire au sou d'or.

[5] *Polyptyque de l'abbé Irminon*, Prolégomènes, § 72, p. 41 et suiv.

Deuxième fait. — En 539, Théodebert pénétra, à la tête de ses Francs, dans l'Italie septentrionale, et combattit victorieusement les Goths et les troupes impériales; il parcourut la région transpadane, et en rapporta, ainsi que ses leudes, un riche butin[1].

Troisième fait. — Il envoya, plus tard, dans la péninsule une nouvelle armée, sous la conduite d'un de ses lieutenants, nommé Buccellinus, dont nous avons parlé plus haut, et qui s'empara de toute cette contrée aux cités opulentes, et en adressa de grands trésors à son souverain[2].

Quatrième fait. — Ce même chef, qui fit preuve de capacité militaire dans sa longue lutte contre les deux célèbres généraux de Justinien, Bélisaire et Narsès, envahit la Sicile, dont il exigea de larges tributs, qui furent également transmis au roi de Metz[3].

Grégoire de Tours, à la suite de ses récits, conclut par ces mots, qui résument la fortune éclatante et rapide du prince austrasien : « Magna enim ei felicitas in his conditionibus fuit[4]. »

Théodebert devint donc, par d'heureuses expéditions, et en outre il faut le dire, par les impôts qu'il levait non seulement sur ses sujets gallo-romains, mais encore sur ses hommes

---

[1] « Theudebertus vero in Italiam abiit, « et exinde multum adquisivit... Ex ea re- « versus est, *multa secum spolia ipse vel sui* « *deferentes.* » Greg. Tur., *Hist. Francor,,* III, 32, édit. Guadet et Taranne, p. 175.

[2] « Capta omni Italia, usque in mare « terminum dilatavit (Buccellinus); *the-* « *sauros vero magnos ad Theudebertam de* « *Italia direxit.* » Id., *ibid.*

[3] « Deinceps vero Buccellinus Siciliam « occupavit, *de qua etiam tributa exigens regi* « *transmisit.* » (Id., *ibid.*) Sous le règne de Théodebald, successeur de Théodebert Ier (547 ou 548-555), Buccellinus finit, comme nous l'avons dit plus haut, par succomber dans une dernière rencontre avec Narsès.

[4] Id., *ibid.*

d'origine franque[1], il devint, dis-je, en peu de temps, possesseur d'immenses richesses. Il en fut de même des principaux guerriers ses compagnons, qui avaient leur part assurée dans les dépouilles des vaincus, et durent acquérir, comme lui, des quantités énormes de bijoux, d'œuvres d'art et d'objets de tout genre en métaux précieux.

Le seul moyen d'utiliser promptement et avantageusement ces métaux, et spécialement l'or, c'était de les convertir en espèces monnayées, qui permissent à ces Barbares de se procurer les jouissances matérielles dont ils étaient si avides, en même temps que le souverain tirait des opérations du monnayage le large profit qui y était attaché.

Telle est, à mon sens, la principale, peut-être même la seule cause de cette active fabrication monétaire de l'Austrasie.

Et ce qui en fut le point de départ, en était aussi la condition nécessaire. Il fallait, en effet, une bien grande masse métallique, pour produire ces nombreuses pièces, dont il nous est parvenu tant de variétés, et pour les produire à un titre élevé.

D'autre part, si l'on songe au prestige que la légende impériale conservait encore parmi les populations, aux yeux desquelles elle était, depuis plus de cinq siècles, un des symboles de la puissance et de la richesse publiques, on comprend qu'il était indispensable que les espèces du nouveau monnayage

---

[1] « Franci vero, cum Parthenium in odio magno haberent, pro eo quod *eis tributa, antedicti regis* (Theudeberti) tempore, inflixisset, eum persequi coeperunt. » Greg. Tur., III, 36, édit. Guadet et Taranne, p. 179. On a parlé, à propos du meurtre de Parthénius, d'*impôts excessifs* qu'il aurait levés au nom de Theodebert, auprès duquel il remplissait assurément des fonctions importantes, ce qui aurait amené sa fin tragique. (*Art de vérifier les dates*, édit. in-8°, t. V, p. 379.) Le texte de Grégoire de Tours, que nous venons de citer, prouve simplement qu'il avait poussé le roi d'Austrasie à faire payer le cens aux hommes de race franque, peut-être même qu'il en avait seulement, d'après un ordre royal, organisé et pratiqué la perception.

fussent de très bon aloi, pour être acceptées sans répugnance et sans difficulté, malgré l'absence de cette marque consacrée par un si long usage.

Le succès répondit, du reste, aux prévisions et aux espérances des gouvernants austrasiens. Ces belles monnaies d'or jaune, de fort poids, bien frappées et conformes au type des médailles byzantines contemporaines[1], circulèrent aisément, devinrent bientôt l'objet de la faveur populaire, et furent même recherchées hors de la Gaule franque[2].

Si maintenant nous envisageons la situation financière des rois de Paris et de Soissons, nous constatons qu'ils n'accomplirent aucun fait de guerre, dont les résultats matériels eussent pu grossir leur trésor. Ils n'avaient ni l'un ni l'autre, en leur pouvoir les ressources métalliques dont disposaient leur neveu et les grands d'Austrasie; et ils étaient, conséquemment, dans l'impossibilité de suivre leur exemple.

J'ai dit plus haut qu'un sentiment de fierté naturelle, exalté par des victoires, pouvait avoir contribué, dans une certaine mesure, à déterminer Théodebert à mettre sur les monnaies son nom et son effigie à la place de ceux de l'empereur. Mais, ce ne peut être là qu'une cause secondaire, et il en faut de plus graves pour expliquer un changement d'aussi haute portée sous le rapport politique et financier. Il y en a, à mon sens, deux raisons principales.

---

[1] Nous avons reproduit, dans la *Revue numismatique, 3ᵉ série*, t. III, p. 401-403, 410 et 411, et t. IV, les pièces frappées, au nom de Théodebert, dans les cités de Reims et de Châlons-sur-Marne, et à Bonn (Prusse Rhénane). On trouvera des monnaies du même prince dans la *Revue numismatique, 1ʳᵉ série*, t. VI, planches IV et V; t. XIII, pl. IX, X et XI; et dans Ch. Robert, *Études numismatiques du nord-est de la France*, pl. II.

[2] *Revue numismatique, 1ʳᵉ série*, t. XVII, année 1852, p. 127.

L'une, d'ordre politique, est l'affirmation et la manifestation de l'indépendance royale à l'égard de la cour byzantine. On ne doit jamais perdre de vue, quand on étudie les événements historiques du ve et du vi^e siècle, que le souvenir et le nom du grand empire romain continuèrent, longtemps après sa chute en Occident, de dominer l'esprit et l'imagination des peuples. Les Germains et leurs chefs, à commencer par les plus glorieux d'entre eux, Clovis Ier chez les Francs, Gondebaud chez les Burgondions, Théodoric chez les Goths, en avaient subi le prestige, et reconnaissaient, dans le souverain siégeant à Constantinople, une puissance supérieure, une sorte de suzerain. C'est contre la subordination ou même l'apparence de la subordination à cette suzeraineté, que le prince austrasien protestait en rompant avec une tradition et une règle jusque là respectées.

La deuxième raison, peut-être plus décisive encore, répond à un intérêt financier.

Pendant que l'on frappait, en Austrasie, une quantité considérable d'espèces en or *du poids légal* et *de bon aloi*, on continuait de fabriquer couramment, dans les deux autres royaumes francs, des pièces *à légende impériale, de faible poids, de bas titre,* et nécessairement *très dépréciées.* Si les monnaies d'Austrasie avaient porté, comme ces dernières, le nom de l'empereur, rien ne les en aurait distinguées; on les aurait confondues dans une égale dépréciation, et Théodebert aurait ainsi perdu le bénéfice d'une fabrication supérieure à celle de ses voisins. Il prévint cette dangereuse confusion en faisant marquer de son propre nom le numéraire sortant de ses ateliers.

Une circonstance dont il faut également tenir compte, favorisa d'ailleurs la réussite et le développement de ce nouveau monnayage.

L'Austrasie primitive, celle à laquelle Théodebert avait principalement affaire, était occupée par des populations de race germanique ou mélangées de Germains, et restées, au fond, réfractaires à l'influence romaine. Peu ou point imbues de ces idées de respect presque idolâtre pour l'effigie et la légende impériales, encore vivantes chez les Gallo-Romains, ces populations étaient assez bien préparées à recevoir des monnaies revêtues du nom de leur roi, pourvu qu'elles fussent de bon poids et de pur métal.

Il n'en allait pas de même dans le centre, l'ouest et le sud de la Gaule, où régnaient à peu près sans partage la culture et les mœurs romaines; et c'est pourquoi nous voyons que les pièces de Théodebert portent *presque toutes* les noms, les monogrammes ou les initiales de villes du nord et du nord-est, c'est-à-dire de l'*Austrasie primitive*, tandis qu'il s'en rencontre à peine qu'on puisse attribuer à la portion des États de ce monarque, qui pénétrait dans la région centrale et méridionale de notre pays.

Ainsi s'explique d'une manière à la fois rationnelle et simple ce monnayage de Théodebert, dont les particularités ont été l'objet de tant de commentaires, et qui est certainement un des faits les plus curieux de l'histoire monétaire de la Gaule au vi^e siècle.

En résumé, nous croyons avoir démontré les points suivants :

L'abondance extraordinaire des produits monétaires au nom de Théodebert Ier, a pour cause principale et peut être unique l'accumulation d'une quantité considérable de métaux précieux dans ses mains et dans celles de ses leudes, et la nécessité de les convertir en espèces monnayées pour en tirer le plus grand profit.

La pureté du métal et le fort poids de ces espèces, conséquences du même fait, pouvaient seuls les faire accepter sans difficulté, malgré la substitution de la légende royale à celle de l'empereur.

Cette substitution fut déterminée par deux raisons dominantes : dans l'ordre politique, le prince austrasien affirmait ainsi et manifestait avec éclat l'indépendance absolue de sa couronne à l'égard de la cour byzantine; au point de vue financier, il prévenait, par là, toute confusion de ses belles et bonnes pièces d'or avec le numéraire à légende impériale, de mauvais aloi et justement déprécié, que l'on frappait dans les royaumes de Paris et de Soissons.

Ce monnayage fut, on le voit, un acte tout personnel de Théodebert, et le résultat de circonstances qui lui étaient particulières.

Et ce qui achève la démonstration, c'est que le monnayage dont il s'agit cesse avec le règne du deuxième roi de Metz. A la production si féconde de ce règne, succède, tout aussitôt et sans transition, une absence complète d'émission au nom du souverain d'Austrasie.

On ne connaît pas, en effet, une seule pièce d'or de Théodebald, fils de Théodebert, qui régna, après lui, de 547 ou 548 à 555. Il n'y a pas non plus de monnaie austrasienne, attribuable avec certitude à Clotaire Ier, roi de Soissons, qui, après la mort de son petit-neveu Théodebald, annexa le royaume de Metz à ses propres États (555-561).

Il faut descendre à Sigebert Ier (561-575), pour trouver une monnaie royale de cette région; et encore, n'avons-nous de lui qu'un tiers de sou d'or, décrit par notre savant confrère et ami M. Charles Robert[1].

C'est sous Childebert II (575-596), et surtout sous Théodebert II (596-612), que l'on voit le monnayage à légende royale reprendre quelque importance, tout en restant bien loin de la brillante et courte période qui correspond aux huit dernières années du règne de Théodebert Ier.

Tout nous autorise donc à penser qu'après la mort de ce dernier, la légende impériale fut rétablie sur les monnaies d'Austrasie[2], qui tombèrent, dès lors et pour un temps, sous le niveau commun aux espèces frappées dans les autres contrées de la Gaule franque.

---

[1] *Études numismat. du nord-est de la France*, p. 97 et planche II, n° 9.

[2] Voir dans la *Revue numismatique*, 3ᵉ série, t. III, p. 403, un sou d'or, au nom de Justinien, portant la marque géographique de Reims, et p. 408 du même volume, nos observations sur l'époque de la fabrication de cette pièce.

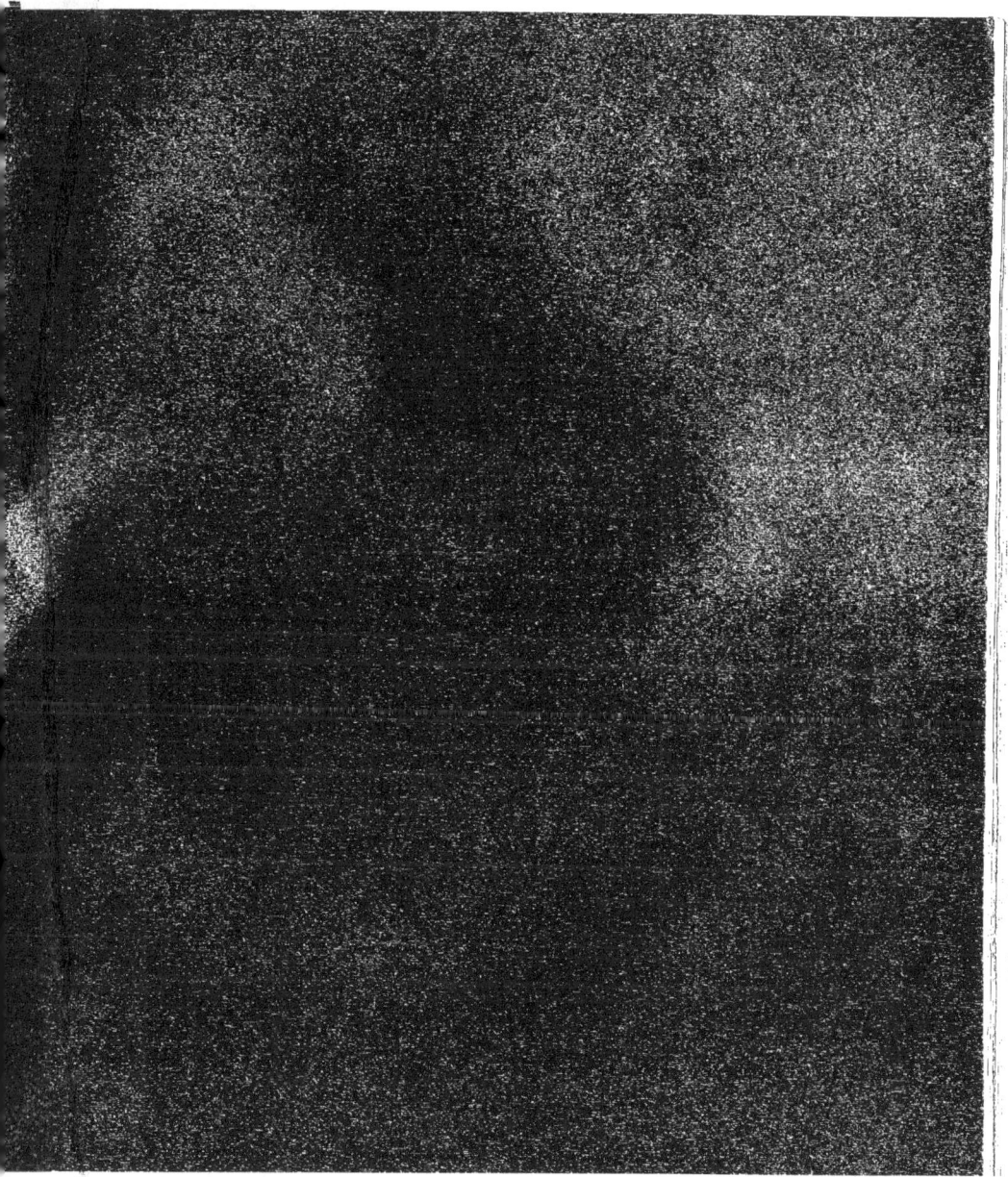

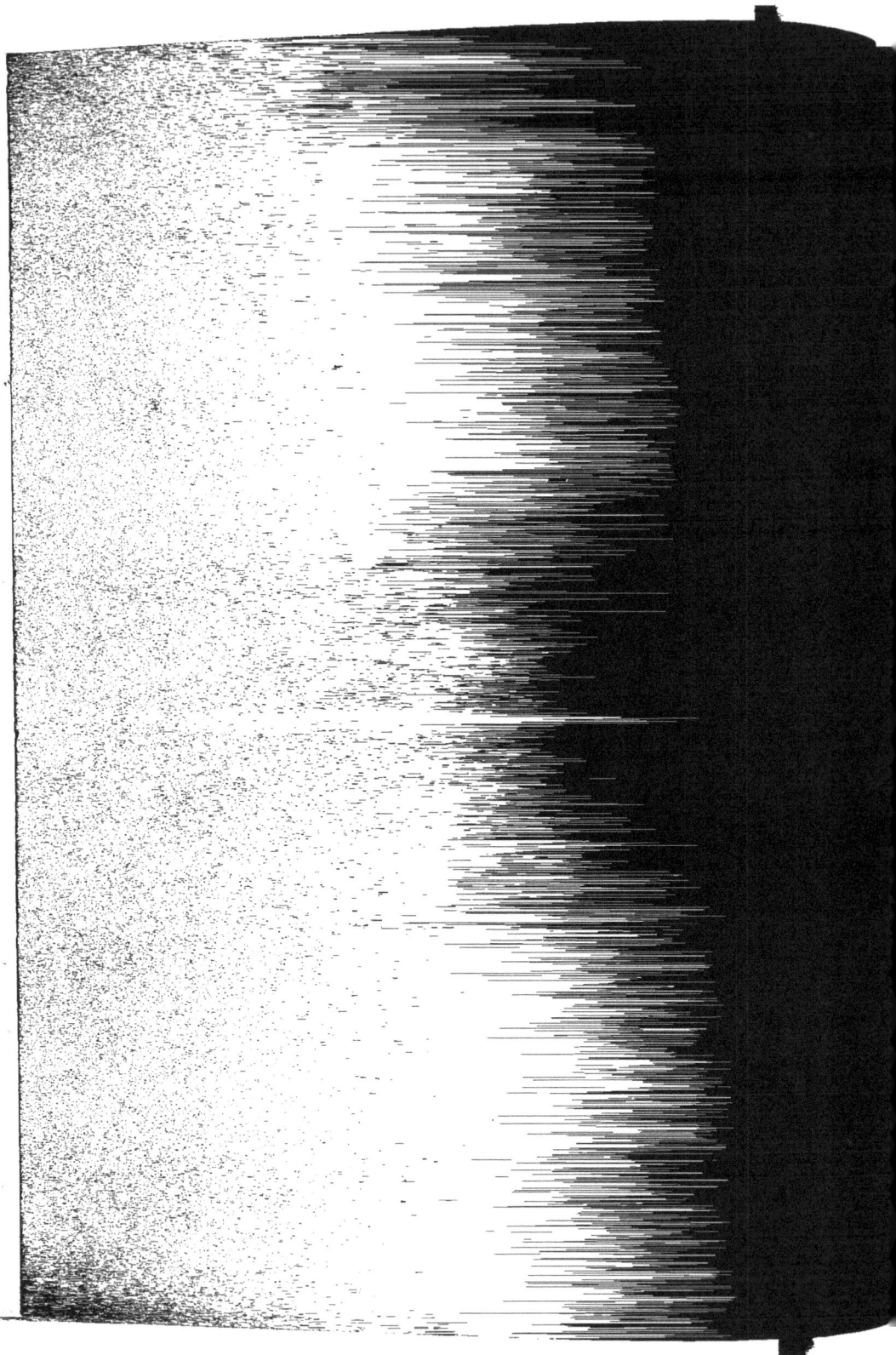